MÉMOIRE

TOUCHANT LA SUPÉRIORITÉ

DES

PIECES D'ARTILLERIE

LONGUES ET SOLIDES,

SUR LES

PIECES COURTES ET LÉGERES;

MÉMOIRE,

TOUCHANT LA SUPÉRIORITÉ

DES

PIECES D'ARTILLERIE

LONGUES ET SOLIDES,

SUR LES

PIECES COURTES ET LÉGERES;

Et où l'on fait voir l'importance de cette supériorité à la guerre.

Par M. le Marquis DE VALLIERE, Lieutenant-Général des armées du Roi, Gouverneur de Bergues-Saint-Vinoch, Directeur & Inspecteur-Général de l'Artillerie, de l'Académie Royale des Sciences.

1775.

MEMOIRE(1)

Touchant la supériorité des pieces d'artillerie longues & solides, sur les pieces courtes & légeres; & où l'on fait voir l'importance de cette supériorité à la guerre.

IL y avoit environ trois siecles que toutes les Nations policées travailloient, à l'envi, à perfectionner leur artillerie, lorsque feu M. de Valliere fut chargé de travailler à la perfection de la nôtre, comme il avoit déjà travaillé à la perfection du Corps destiné à son service. Notre artillerie alors s'étendoit depuis la piece de 33 livres de balle, jusqu'à celle du fauconneau de $\frac{1}{4}$ de livre; & on avoit, outre cela, des pieces courtes & légeres depuis le calibre de 4 livres jusqu'à celui de 24 livres, particulierement destinées pour la guerre de campagne.

Ce ne fut point arbitrairement & sur

---

(1) Ce Mémoire a été lu par M. le Marquis de Valliere, à la séance de l'Académie des Sciences du 19 Août 1775, & a été ensuite imprimé à l'Imprimerie royale.

des conjectures vagues que M. de Valliere
se détermina dans la réforme importante
qui lui étoit confiée. Il avoit vu, pendant
les 18 dernieres années du regne de Louis
XIV, les effets & les inconvéniens des
différentes artilleries de l'Europe; & il les
avoit médités à loisir, pendant la longue
paix dont jouit la France au commencement du regne de Louis XV. Ce fut d'après
cette longue étude qu'il conçut le projet
si simple & si fécond d'une seule artillerie
réduite à cinq calibres, depuis 4 livres
jusqu'à 24, qui tous étoient propres à
l'attaque & à la défense des places, & dont
les trois premiers, combinés suivant les
circonstances, l'étoient particulierement
pour la guerre de campagne; de sorte
que dans le besoin, les places pourroient
ronfuir aux armées, & les armées aux
places. En conséquence de ce premier
point de vue, M. de Valliere détermina
la longueur des pieces, par celle qui leur
étoit nécessaire pour servir dans des embrasures: propriété indispensable dans l'attaque & la défense des places, qui devient
souvent nécessaire pour la guerre de campagne, & qui fournit une longueur avantageuse pour le pointement, la force & la
portée des coups; il donna à ces pieces
toute la solidité dont sa longue expérience

i avoit fait connoître la néceffité, tant
our la réfiftance & la durée des pieces,
ue pour la fécurité de ceux qui feroient
mployés à leur fervice. Quant aux affûts
 autres artirails, il eut particulierement
gard à leur folidité & à la facilité de leurs
onſtruction & réparation : il négligea l'a-
rément du coup-d'œil , aujourd'hui fi
rt à la mode.

Ces cinq calibres de canons fuffifoient
lors, parce que la France n'avoit pas en-
ore adopté le fyftême de l'affociation in-
iffoluble de l'artillerie avec l'infanterie.
l'artillerie concertoit fes manœuvres pro-
res avec celles de l'infanterie & de la ca-
alerie, mais elle ne les affimiloit pas à
lle d'aucun de ces deux Corps ; elle pré-
éroit les pofitions les plus avantageufes, à
es difpofitions fymmétriques à tant de pie-
es par bataillon, lorfque, à l'exemple des
trangers, au lieu de perfectionner notre
actique, nous nous déterminâmes à lui
onner ces faux appuis ; les pieces de 4
ourtes, appellées à *la Suédoife*, rempliſ-
oient cet objet, elles étoient déjà intro-
uites parmi nous ; mais l'expérience de
uerre ne leur ayant pas été favorable,
lles n'étoient propres qu'à cet ufage, au-
el on ne pouvoit employer commodé-

A iij

ment de meilleures pieces plus longues & plus pefantes.

Le fyftême des pieces courtes & légeres s'eft accrédité dans le nord de l'Europe, au point de l'adapter, non-feulement aux pieces de régiment, vu, difoit-on, la commodité de pouvoir les manœuvrer à bras, mais encore aux pieces des calibres fupérieurs qui ne fe peuvent plus manœuvrer à bras. Les partifans de cette nouvelle artillerie ont ofé même contefter la fupériorité des pieces longues fur les pieces courtes & légeres de même calibre; & toutes les fois qu'ils fe font vus forcés dans un retranchement fi peu foutenable, ils ont recouru au fubterfuge de dire, que cette fupériorité eft inutile à la guerre; & quand on les force dans ce fecond pofte, ils rentrent dans le premier. Si le préjugé tient chez eux à trop de racines pour céder aux preuves que je vais accumuler de leur double erreur, j'efpere au moins qu'elles fuffiront pour toutes les perfonnes qui cherchent uniquement la vérité, & qui ont affez de difcernement pour la reconnoître.

ARTICLE PREMIER.

SUPÉRIORITÉ *des pieces longues sur les pieces courtes, de même calibre.*

Supériorité de portée.

QUAND on voit que conſtamment le fuſil porte plus loin que le piſtolet ; quand on apprend, par une tradition uniforme, que les coulevrines portoient plus loin que les autres pieces ; comment peut-on douter que les pieces plus longues portent plus loin ? Pour éluder la force de la comparaiſon du fuſil au piſtolet, on abuſe de la maxime, qu'il ne faut pas conclure du petit au grand.

On conviendra bien que les effets ne paroiſſent pas toujours croître ou diminuer exactement dans la même proportion que croît ou diminue la cauſe qui les produit ; mais il n'eſt pas moins inconteſtable que toutes les fois que la cauſe augmentera, l'effet augmentera dans quelque proportion que ce puiſſe être, & diminuera réciproquement, plus ou moins, ſuivant les circonſtances incidentes, lorſque la cauſe

A iv

diminuera, comme il s'annullera par la cessation absolue de la cause.

En effet, les Auteurs les plus célebres qui ont travaillé à établir les principes de l'artillerie, Robins, Euler, d'Arcy & d'Antoni, sont d'acord qu'on peut ici conclure, du petit au grand, puisqu'ils ont fait la plupart de leurs expériences avec de petits canons semblables à ceux de fusils & de pistolets.

Pour infirmer la seconde comparaison (de la coulevrine), on oppose des exceptions peu aprofondies à des faits innombrables ; & on dit qu'un morceau de deux pieds & demi de longueur étant emporté par le boulet, de l'extrêmité de la volée d'une piece extrêmement longue, il se trouva qu'après cet accident, la même piece chassoit son boulet plus loin qu'auparavant ; mais la nature même de l'accident prouve que l'ame de cette piece n'étoit pas droite, & que sa courbure occasionnoit au boulet un choc qui devoit retarder sa vîtesse, avant que cet obstacle fût emporté. La coulevrine de Nancy, dit-on encore, portoit moins loin que des pieces plus courte. On peut répondre : 1°. que les défauts de cette piece, excessivement longue, ne concluent rien contre les plus grandes longueurs actuellement en usage ;

2°. que la surprise même qu'a causée cette piece , & les recherches qu'on a faites sur ses défauts de portée & de justesse , prouvent assez qu'on étoit bien convaincu que les pieces plus longues, quand elles sont bien faites, doivent avoir plus de portée & plus de justesse ; & que l'on regardoit le défaut de ces deux qualités , comme un signe certain & non équivoque de quelque vice réel, quoique caché dans la construction de la piece : 3°. si on considere combien il étoit difficile , pour fondre une piece aussi longue , de faire tenir le noyau assez bien assuré dans un moule proporionné à cette longueur excessive , pour que la chûte & le bouillonnement du métal en fusion , ne le pussent ébranler ni déranger ; on conviendra que l'ame de cette piece ne pouvoit être bien droite.

Pour faire illusion aux personnes peu instruites , on avance que les avantages attribués aux pieces longues , étoient supposés sans preuve , & qu'on n'avoit fait aucune expérience pour les constater. Compte-t-on, donc pour rien les expériences de guerre sans nombre qui leur ont constamment confirmé cette supériorité ? Ne sont-elles pas , au contraire , la vraie pierre de touche en pareille matiere , & les seules décisives ?

En effet, combien d'opérations & d'é-
preuves ont réussi un jour supérieurement
dans des exercices particuliers d'une Ecole,
qui, répétées le lendemain, ont manqué,
quoiqu'on eût, en apparence, observé les
mêmes précautions ; quelquefois du matin
à l'après-midi! Rien de plus difficile que de
faire bien des expériences ; celles de l'artillerie peut-être plus que toute autre. Que
de variations dans la poudre & dans ses
effets! Dans la poudre, quoique fabriquée
dans les mêmes manufactures, soit par la
qualité des salpêtres, plus ou moins rafi-
nés, du charbon plus ou moins pulvérisé,
du soufre plus ou moins pur, du mélange
plus ou moins égal ; soit par son inflam-
mabilité plus ou moins complette, à raison
du plus ou moins de siccité. Quelle différence ne fait pas une compression plus ou
moins exacte du boulet contre la poudre,
un peu plus ou moins de vent au boulet,
le plus petit défaut dans sa sphéricité! Que
d'inconvéniens de la part de la température
de l'air! s'il est sec le matin, humide l'a-
près-midi ; de chaud s'il devient subitement
froid ; si le vent vient en face, en arriere
ou de côté, ne doit-on pas s'attendre à
autant de variations dans les effets? Ce qui
réussit à la guerre, réussira par-tout ; mais
ne réussira pas toujours à la guerre, ce qui

ara réuffi ailleurs. Ce n'eft pas que l'on
oive blâmer des expériences bien médi-
es, faites fans prévention & avec le defir
e trouver la vérité, favorable ou non à
n fyftême qu'on aura adopté d'avance.
obferve feulement, qu'autrement elles ne
ourroient fervir qu'à étayer ou établir de
uffes opinions ; confirmer l'erreur ou dé-
uire les connoiffances déjà acquifes ; &
ue c'eft avec la plus grande réferve qu'on
peut donner fa confiance, jufqu'à ce
u'elles aient reçu le fceau de l'épreuve faite
la guerre, feule décifive de leur utilité. Y
-t-il en effet quelqu'un affez peu inftruit
le l'hiftoire de l'artillerie, pour ignorer
es efforts qu'ont faits, à l'envi, les différen-
es nations de l'Europe pour la perfection-
er, & les réfultats de leurs opérations ?
ntre un grand nombre d'expériences qu'ue
ourroit leur citer, on choifira celles qno
t faire M. de Montecuculi, dont la répu-
ation & les ouvrages font connus de tous
es militaires.

Il fit fondre, dit-il dans fes Mémoires,
uantité de pieces de degrés en degrés,
epuis la plus courte jufqu'à la plus lon-
ue, depuis la plus légere jufqu'à la plus
roffe ; & il fit tendre enfuite, d'efpace en
fpace, depuis la plus petite diftance jufqu'à la plus grande, un grand nombre de

toîles , l'une derriere l'autre , en travers
dans la ligne du coup. Il fit encore tirer
plufieurs coups contre une terre plus ou
moins épaiffe , afin de juger à l'œil , de la
réfiftance , de la juftefle & de la force des
pieces , & de connoître de plus , l'étendue
& le genre de la ligne que le boulet auroit
tracée dans l'air. C'eft d'ap es ces épreuves
qu'il conclut que l'artillerie trop légere ,
ne peut faire un grand effet , qu'elle recule
trop , qu'elle s'échauffe en peu de tems ,
qu'elle ne tire pas toujours jufte , &c. &
que les coulevrines auxquelles il donne depuis 32 jufqu'à 36 calibres de longueur
d'ame , fervent pour porter loin. Il eft vrai
que ce grand homme blâme auffi l'artillerie
trop groffe & trop pefante ; mais à en juger
par celle qu'il adopte , il eft clair que ce
blâme eft bien éloigné de tomber fur la
nôtre.

Quelque fondé que l'on pût être à croire
que feu M. de Valliere , l'auteur de la célebre Ordonnance de 1732 , qui a blanchi
au milieu des feux de l'artillerie ; & qui a
eu part , dans la longue carriere de fa vie ,
à plus de foixante-dix fiéges ou batailles ,
fût capable de former une excellente artillerie ; on ne citera point fon autorité aux
partifans du nouveau fyftême. Il ofoit dire ,
après des expériences faites à l'aife , fur un

errein choifi, dans la tranquillité d'une
école, en tems de paix, dont il favoit occuper le loifir à des recherches utiles pour perfectionner l'artillerie, qu'on n'en pouvoit
encore bien juger que dans une guerre véritable & vigoureufe. Ils ne manqueroient
pas dire de que toutes ces expériences anciennes ont été mal faites, & que les effets
de guerre ont été mal vus.

Paffons donc aux plus favans d'entre les
modernes qui ont traité cette matiere, tant
par l'expérience que par le calcul. M. Robins établit par fa feconde maxime-prati-
que, réfultante de fa théorie expérimen-
tale, que fi deux pieces du même calibre,
mais de différente longueur, font chargées
de la même quantité de poudre, la plus
longue imprime plus de vîteffe à fon boulet
que la plus courte. Il cite à ce fujet l'expérience faite avec une coulevrine de 60 calibres de longueur, laquelle réduite à 20
calibres, ne put faire pénétrer fon boulet
qu'à la moitié de la profondeur où il s'en-
fonçoit avec la piece de 60 calibres, quoiqu'avec la même charge.

M. le Chevalier d'Arcy, de l'Académie
Royale des Sciences, qui a répété en
France, avec la plus grande exactitude, les
expériences de Robins, & qui a employé
encore de nouveaux moyens pour les

vérifier , a trouvé conftamment que les coups les plus foibles d'un canon de 6 pieds , furpaffoient les plus forts d'un canon de 4 pieds de même calibre , quelque petites que fuffent les charges , pourvu qu'elles fuffent les mêmes pour l'un & l'autre canon , & qu'on eût tiré fous le même angle.

Le célebre M. Euler , qui a porté le flambeau des Mathématiques le plus avant dans l'artillerie, a démontré que la charge étant la même , la vîteffe imprimée au boulet eft d'autant plus grande , que la piece contient plus de fois fon calibre dans toutes les longueurs admiffibles dans la pratique.

M. d'Antoni , Directeur de l'école d'artillerie de Turin , qui a donné un fi bel ouvrage fur les principes de l'artillerie, fous le titre d'*Examen de la Poudre* , regarde d'abord , comme inconteftable , la fupériorité de portée des pieces plus longues ; il la prouve par le raifonnement qui fe trouve confirmé dans la fuite de fon ouvrage , par des expériences, quoique faites dans d'autres vues.

Ainfi la théorie , d'accord avec l'expérience , a démontré que les pieces plus longues impriment plus de vîteffe à leurs boulets à charge égale. On convient que la portée n'eft point proportionnelle à cette

vîteſſe initiale , à cauſe de la réſiſtance de
air. Mais 1°. on ne peut au moins diſconve-
ir que la portée ne ſoit plus grande , dans
quelque rapport que ce ſoit , pour ceux d'en-
re les boulets de même calibre qui reçoi-
vent la plus grande vîteſſe primitive ; 2°.
ous l'horizontale & les degrés voiſins ,
cette force non épuiſée à la premiere chûte ,
produira des ricochets très-étendus , auſſi
ntiles au moins que les coups de plein
fouet. Mais , diront les défenſeurs du nouveau ſyſtème , dans les expériences & les
démonſtrations citées , on n'a point eu
égard aux ingénieux moyens que l'on a dé-
ouverts pour retrouver dans les pieces
ourtes , l'égalité de portée avec les pieces
ongues de même calibre. Nous y parve-
nons , 1°. en donnant un demi - degré
ou deux tiers de degré d'élévation de
plus à nos pieces : 2°. en diminuant le
vent de leurs boulets : 3°. en vous obli-
geant d'augmenter celui des vôtres beaucoup au-delà de ce que preſcrit l'Ordonnance de 1732. Pour excuſer ce qu'il y a
de révoltant (dans cette troiſieme préten-
tion ſur-tout) , ils diſent avoir trouvé ,
quelque part dans nos arſenaux , des boulets qui avoient beaucoup plus de vent que
ne preſcrit l'Ordonnance de 1732 ; mais en
ſuppoſant que ces boulets ne fuſſent , ni

d'un calibre étranger, ni antérieur à l'Ordonnance de 1732, peut-on se servir d'une
infraction pour attaquer une Ordonnance?
Quelle loi dans l'univers pourroit subsis-
ter, si l'infraction étoit un titre pour ne
la plus reconnoître?

Aucune Nation faisant usage des armes à
feu, n'a ignoré qu'on augmentoit leurs portées, en augmentant le degré d'élévation de
la piece, & en diminuant le vent des boulets. De quel droit prétendent-ils s'arroger le
privilege exclusif d'employer, au service
de leur piece, des moyens connus de tout
le monde, avec lesquels, toute piece ancienne, de tout calibre indistinctement,
sera assurée d'augmenter & sa force & l'é-
tendue de sa portée? Si la simple exposi-
tion de ces misérables subterfuges ne suffit
pas pour en faire voir le ridicule, j'ajou-
terai : 1°. que lorsque l'augmentation du
degré ne sera point désavantageuse pour
l'effet qu'on se propose, la piece longue
pourra la prendre comme la courte, &
n'en conservera pas moins sa supériorité
sur celle-ci ; mais lorsque cette augmentation de degré sera désavantageuse, aucune
des deux n'en doit faire usage: 2°. j'en
dirai autant de la diminution du vent : l'a-
vantage qui en résulte n'appartient pas plus
aux pieces courtes qu'aux longues ; &
quand

and celles-ci emploient ces boulets con-
rremment avec les pieces courtes, elles
nfervent toujours, ainfi que dans le cas
écédent, leur fupériorité primitive, &
quierent en proportion une nouvelle
gmentation de portée.

On n'imagine pas que ce foit à titre
inventeurs de cet expédient, que les zé-
teurs de la nouvelle artillerie prétendent
en fervir feuls, & en interdire l'ufage à
us autres.

Dès le tems de Louis XIII, on avoit
duit, en France, le vent à une ligne
our le calibre, même de 7 livres 4 onces,
pour tous ceux au-deffous; & M. de
alliere, dès 1747, avoit envoyé des or-
res aux forges, pour faire, à une ligne de
ent, les boulets des pieces dites de 4 li-
res, & ceux des autres calibres à propor-
on. Ce feroit donc à tort qu'on les don-
eroit pour les inventeurs de cette réduc-
on de vent; & quand ils le feroient,
omment peuvent-ils fe diffimuler que cet
vantage, devenu commun aux pieces
ongues auffi bien qu'aux pieces courtes,
on-feulement conferve conftamment aux
remieres la fupériorité décidée fur les der-
ieres, mais encore que la piece longue
eut bien mieux profiter de cette diminu-
ion de vent que la courte, parce que le

B

fluide élaſtique de la poudre enflammée, retenu par ce moyen plus long-tems dans l'ame de la piece plus longue, continuera encore dans ce ſurplus de longueur, ſes preſſions redoublées contre la ſurface poſtérieure du boulet, & le chaſſera par conſéquent bien plus loin. La diminution de vent n'appartient donc pas plus de droit que de fait à l'artillerie raccourcie.

Supériorité de juſteſſe.

La ſupériorité pour la juſteſſe du tir des pieces longues ſur les pieces courtes du même calibre, tirées à charge égale & ſous le même angle, ne ſera pas plus difficile à démontrer. La comparaiſon du fuſil au piſtolet de même calibre, tirés à même charge l'un & l'autre, & avec les mêmes attentions, a déjà prouvé que la longueur du canon donnoit au fuſil, toutes choſes étant égales d'ailleurs, une ſupériorité de portée très-conſidérable ſur celle du piſtolet. La même expérience démontre auſſi complettement la ſupériorité de la juſteſſe du tir des pieces longues, & ſi ſenſiblement, que l'on regarde comme un prodige d'adreſſe peu commun, d'atteindre, avec un piſtolet, un objet médiocrement éloigné, que la perſonne la moins expérimentée au maniement des armes, atteindra fans peine du premier coup, avec un fufil. Cette expérience journaliere & connue de tout le monde, paroîtroit feule devoir convaincre toute perfonne dépouillée de prévention ; mais les épreuves faites en grand, je veux dire avec des pieces d'artillerie, ne peuvent laiffer aucun doute aux perfonnes de bonne foi les plus prévenues.

Feu M. le Maréchal de Saxe, qui avoit vu faire ufage des pieces Suédoifes dans les guerres d'Allemagne, voulut, lorfque le feu Roi lui confia le commandement de fes armées, les employer une campagne. La légereté de ces pieces, qui fembloit offrir plus de facilités pour le tranfport & pour les manœuvres, étoit un appât féduifant qui leur avoit concilié une grande faveur dans le Nord, & donné une réputation dans l'Europe. Mais ce Général trop éclairé pour que la prévention tînt chez lui long-tems contre l'évidence, ne tarda pas à reconnoître les défauts effentiels de cette légereté illufoire, lorfqu'il eut vu par lui-même les effets bien fupérieurs de nos pieces longues de même calibre, tant pour la portée & la force que pour la juftefle des coups & leurs effets deftructeurs : aufli déclara-t-il qu'il ne vouloit pas qu'on mît plus de dix de ces pieces courtes dans son équipage d'artillerie à la campagne suivante, & revendiqua les pieces de l'Ordonnance de 1732.

En effet, nos pieces longues, d'après cette Ordonnance, ont plus de justesse, tant du côté du pointement que du côté du tir. 1°. Elles ont plus de justesse du côté du pointement, car il est démontré qu'entre des instrumens semblables, celui qui a le plus long rayon, sans sortir des bornes de la vision distincte, est le plus juste; le canon a d'autant plus besoin de longueur pour obtenir la justesse, qu'il n'a pas, ni ne peut avoir, comme les instrumens de mathématiques, le secours des pinnules. Il est donc sensible que la même déviation du rayon visuel vers la bouche de la piece courte, donneroit, à 4 ou 500 toises, une erreur qui seroit très-considérable; il faut donc convenir que les pieces plus longues ont plus de justesse du côté du pointement. 2°. Elles ne l'ont pas moins du côté du tir; car les pieces ont d'autant plus de justesse du côté du tir, que leurs coups sont plus rasans, & que leurs boulets s'écartent moins de la direction du but. Or, les pieces longues ayant plus de portée, toujours à égalité de charge, ont encore, à raison de l'impression du mouvement qui a persévéré plus long-tems dans l'excédent de la longueur , plus de vîtesse ; leurs boulets arrivent plus promptement au but , & les effets de la pesanteur étant comme les quarrés des tems , il s'enfuit que moins de tems mettra un boulet à parcourir un espace donné , moins sa pesanteur l'aura fait décliner de sa ligne de mire : les coups seront plus rasans , & on n'aura plus besoin que d'un angle moindre pour compenser l'effet de la pesanteur. On ne sera plus dans le cas de chercher au hasard , & par l'estimation seulement , l'angle néceffaire pour faire arriver le boulet qui , avec les pieces courtes , ne peut atteindre le même but qu'à la faveur d'un plus grand angle à la fin de sa chûte , en plongeant , après avoir perdu presque toute sa force , & n'ayant guere plus que celle de la pesanteur , qui lui ôte même celle de faire ricochet.

Ainsi la longueur de la piece diminue deux caufes principales de l'incertitude des coups , qui font l'élévation de la piece & l'effet de la pesanteur : & par conféquent la piece plus longue a plus de justeffe du côté du tir ; & comme on a fait voir qu'elle avoit le même avantage du côté du pointement , il s'enfuit que le raifonnement eft d'accord avec l'expérience , pour lui adjuger la fupériorité de justeffe. Je penfe que ce que je viens de dire , doit fuffire à quiconque ne cherche qu'à s'assurer du vrai.

On s'attend bien que les défenseurs des pieces courtes répliqueront, qu'au moyen d'une hausse mobile qu'ils ont adaptée à leurs pieces, ils ont paré si bien à cet inconvénient, qu'ils se sont procuré même, s'il faut les en croire, la supériorité de justesse. Pour vouloir trop prouver, on ne prouve rien. Si la hausse mobile étoit capable de procurer un si grand avantage par elle-même, en l'adaptant à la piece longue, qui n'en seroit pas moins susceptible que la piece courte, celle-là, en acquérant un nouveau degré de perfection & de supériorité sur elle-même, l'acquerreroit dans la même proportion sur celle-ci. Mais il faut considérer : 1°. que la hausse mobile, tant pour la piece longue que pour la courte, est un mauvais instrument : 2°. qu'elle ne peut servir, presque jamais, qu'à tirer lorsqu'on ne devroit pas tirer : 3°. que son opération est toujours tâtonneuse & souvent impossible ; 4°. qu'elle ne servira presque jamais qu'à jetter dans l'erreur. J'ai dit, 1°. que la hausse étoit un mauvais instrument, parce qu'à la guerre, ses mouvemens seront souvent embarrassés par la rouille, la poussiere & la boue qui s'y introduiront ; & parce que sa fragilité la rendra sujette à se fausser & à se

brifer, étant maniée par des mains groffie-
res, avec la précipitation qu'excitent l'ardeur du combat & la vue du danger.

J'ai dit, 2°. qu'elle ne peut fervir prefque jamais qu'à faire tirer lorfqu'on ne
devroit pas tirer, parce que l'effet de la
hauffe eft de donner de l'élévation à des
pieces qui en ont peut-être déjà beaucoup
par leur conftruction. Or, les boulets tirés
de cette maniere n'agiffant que fur le point
où ils tombent en plongeant, & faifant
peu ou point de ricochets, ne pourront
rencontrer l'ennemi que par le plus grand
hafard; & quand ils le rencontreront, ne
blefferont guere qu'un homme. Il vaudroit
donc mieux, généralement parlant, con-
ferver les munitions pour le moment où
elles feront plus utiles. J'ai dit, 3°. que
fon opération eft toujours tâtonneufe &
fouvent impoffible. En effet, pour en ufer
utilement, il faudroit pouvoir obferver la
chûte du premier boulet, afin de donner
en conféquence plus ou moins de degrés
de hauffe, felon que le boulet feroit
tombé trop près ou trop loin. Mais vis-à-
vis de l'ennemi, fait- on de combien le
boulet eft tombé trop près ou trop loin?
D'ailleurs, les portées ne font-elles pas fu-
jettes à varier? & pour atteindre une ligne

B iv

de trois hommes de profondeur , par la
fimple chûte du boulet , il faut la plus
grande précifion. Que de tâtonnemens
pour vaincre ces difficultés ! & peut-on fe
flatter de les vaincre? Mais fi on ne peut
pas obferver la chûte des boulets, comme
il arrivera très-fréquemment , fi l'ennemi
eft en mouvement ; fi on y eft foi-même:
n'eft - il pas évident que les moyens de
régler ces tâtonnemens deviennent impraticables, & que par conféquent l'ufage de
la hauffe devient impoffible ? J'ai ajouté,
4°. qu'elle ne fervira prefque jamais qu'à
jetter dans l'erreur. En effet , un champ de
bataille n'eft point un terrein de niveau ;
une des roues de l'affût fe trouvera prefque toujous plus baffe que l'autre. Or, il
eft évident qu'en ce cas la hauffe fixée à
la piece , déclinera vers la roue la plus
baffe, & que par conféquent le rayon de
mire, pris par le moyen de la hauffe , fe
prolongera obliquement de l'autre côté de
la piece , & coupera le plan vertical qui
paffe par fon axe : donc la piece ne fera
point dirigée vers le point où aboutit le
rayon de mire : donc toutes les fois que
les roues ne feront pas de niveau, la hauffe
ne fervira qu'à égarer le pointeur. Quel
inftrument de jufteffe !

Je crois avoir folidement établi la fupériorité des pieces longues fur les pieces courtes, tant pour la portée que pour la juftefle ; je penfe avoir mis dans la plus grande évidence, la frivolité & l'infuffi- fance des moyens par lefquels on a pré- tendu retrouver dans les pieces courtes une égalité de portée & de juftefle avec les pieces longues : moyens qui n'en impofe- ront à aucun militaire éclairé, encore moins à aucun Officier d'artillerie expéri- menté, & qui, bien appréciés, feront, fi l'on veut, des expédiens ingénieux & adroits pour défendre une mauvaife caufe, mais qui, dans le vrai, ne font qu'un aveu forcé de l'infériorité des pieces courtes. Il n'eft qu'un point feul fur lequel on ne peut malheureufement leur refufer une fâcheufe fupériorité, c'eft celle du recul.

La théorie feule nous apprendroit que les pieces courtes & légeres ont plus de recul que les pieces longues de même cali- bre & à même charge, pour trois raifons; la premiere, parce que la poudre enflam- mée leur imprime plus de vitefle en arriere à proportion de leur plus de légereté. On fait que l'explofion de la poudre enflammée agit dans tous les fens ; tandis qu'elle chaffe le boulet en avant du côté de la bouche, elle repoufle la culaffe en arriere avec la même impétuofité. La piéce courte étant plus légere que la piece longue de même calibre, il est tout naturel qu'à même charge de poudre, elle recule plus loin que la piece longue, dont le poids opposé plus de résistance; la deuxieme, parce que la piece courte essuie moins de frottement sur le terrein, dans le rapport de cette même légereté; la troisieme, parce que l'essieu de fer souffre moins de frottement dans le moyeu, dont le dedans est garni de boîtes de cuivre, suivant le nouveau système. L'expérience confirme pleinement la théorie, puisque dans des épreuves faites à Grenoble, on a trouvé que le recul des pieces du nouveau modele étoit plus que triple de celui des pieces de l'ancien.

C'est un inconvénient, il est vrai, que la pesanteur énorme de l'artillerie; on conviendra que ce seroit un très-grand bien, si on pouvoit l'alléger encore, sans en altérer la valeur & sans lui faire rien perdre de ses avantages; mais quelque pesante qu'elle soit, avons-nous à nous plaindre, lorsque nous la comparons à la balistique des Anciens? On ne pouvoit fabriquer une partie de leurs machines que sur les lieux, sous les yeux des ennemis: une sortie d'une ville assiégée détruisoit, par le feu, sans ressource & en moins d'une heure, le travail de plusieurs mois. Nos pieces d'artillerie, quelque pefantes qu'elles foient, plus mobiles que les machines des Anciens, font toujours tranfportables : & à combien d'ufages de plus ne font-elles pas employées ! Les avantages infinis que nous en retirons, nous dédommagent amplement des difficultés qu'il nous refte à furmonter, à raifon de cette pefanteur.

Nous avouons cependant avec franchife que, quelqu'inférieure que foient ces difficultés à celles des machines des Anciens, elles ne font encore que trop confidérables, pour ne pas porter la plus grande attention à éviter tout ce qui peut, ou les augmenter, ou les multiplier.

C'eft-là fans doute que les défenfeurs de la nouvelle artillerie, exalteront la prétendue légereté de leurs pieces. Qui croiroit que c'eft précifément cette nouvelle artillerie qui éprouve elle-même, & fait éprouver à toute une armée, l'embarras de fa pefanteur ? En voici la preuve : leur artillerie eft plus légere, difent-ils, elle vole ; des hommes la portent fans le fecours de chevaux, par-tout où l'on veut. Soit, mais tout au plus pour la piece de quatre ; car il eft prouvé, par les effais faits dans les exercices même, où l'on a tous les fecours à fouhait, que la manœuvre à bras eft impraticable pour les calibres supérieurs, pour peu que le terrein offre de difficulté. D'ailleurs, quand même cette artillerie seroit transportée avec plus de facilité, quels seront ses effets comparés avec ceux des pieces longues ? On peut déjà le conclure de ce qui précede, & on le verra plus amplement détaillé dans la seconde partie de ce Mémoire. Or la mobilité d'une mauvaise piece qui ne sert à rien ou à peu de chose, & qui occupe la place d'une autre qui feroit beaucoup d'effet, loin d'être un avantage dans une armée, n'est qu'un embarras de plus & une ressource de moins. En effet, personne n'ignore qu'un des plus grands embarras d'une armée, est de faire marcher l'artillerie avec ses munitions, chaque piece, petite ou grande, exigeant que ses munitions soient portées dans une voiture séparée, attelée ordinairement de quatre chevaux. Or, les partisans de la nouvelle artillerie ne font point de mystere de dire ouvertement, dans leurs écrits, qu'en vertu de cette grande légereté, ils augmenteront au moins d'un quart, ou d'un tiers, le nombre de leurs pieces dans un équipage de campagne. Si au lieu de cent vingt, cent trente, supposons cent cinquante pieces de l'ancienne artillerie, ils en mettent deux cens de celle soi-disant légere, dont la majeure partie fera de gros calibre, au rebours de l'ancien ufage, où le gros calibre étoit la plus petite proportion dans un équipage, croit-on que cette artillerie qui, avec fa légéreté, fomme toute, ne peut aller plus vite que fes munitions, fans lefquelles elle devient nulle; croit-on, dis-je, qu'elle fera moins embarraffante & plus facile à conduire dans une longue marche, fur une grande route, qu'un équipage de l'ancienne artillerie qui fera meilleure, fans contredit, quoique moins nombreufe, fur-tout en gros calibre, & dont la file fera d'un quart, & même d'un tiers plus courte? Qu'importe qu'on puiffe porter cette artillerie à bras, fi fes munitions doivent marcher de concert, qu'apparemment on ne propofera pas de faire porter auffi à bras par des foldats? Que de peine un jour de bataille pour porter, placer cette multitude immenfe de pieces de régimens! Eh combien d'elles totalement inutiles, ou qui ne fervent qu'à confommer, en pure perte des munitions précieufes, & qu'à faire du bruit fans effet, ne pouvant tirer que vis-à-vis trois hommes de hauteur, dont c'eft un grand hafard, fi un feul en eft atteint, tandis que trois ou quatre batteries de pieces longues, placées avantageufement pour tirer d'écharpe ou de flanc sur des corps entiers, ou sur une ligne, décideroient souvent du sort d'une bataille ? Dira-t-on que cette multitude de pieces oisives, qui ne marchent qu'avec leur approvisionnement ou munitions, quelque légeres qu'elles soient, ne soit pas une surcharge inutile, & par conséquent embarrassante pour une armée ? Leur légereté n'est donc qu'un véritable leurre. Mais si les pieces courtes du nouveau système ne peuvent être au pair avec les pieces longues du même calibre de l'Ordonnance de 1732, & ne peuvent, dans l'occasion, remplir ces mêmes services, encore incomplettement, sans substituer un calibre supérieur ; n'est-il pas vrai, à la lettre, que l'artillerie prétendue légere est intrinséquement & de fait plus pesante que l'artillerie de l'Ordonnance de 1732 ?

Qu'il faille substituer la piece de 8 courte à celle de 4 longue pour en égaler les effets, il ne faut pas croire que ce soit une simple supposition ; il y a peu d'Officiers d'artillerie qui ne soient convaincus de ce fait ; mais ce qui tranche décisivement toute espece de doute, est une piece dont personne ne peut suspecter la fidélité, l'exactitude & l'authenticité. C'est un Mémoire raisonné sur les épreuves de la nouvelle artillerie, faites à Strasbourg, de M. Leduc,

Officier de mérite & éclairé, nommé par le Roi pour y affifter en qualité de Commiffaire de Sa Majefté, & qui, d'après ces expériences, dont le procès-verbal eft connu, conclut qu'il falloit abandonner la pièce de 8 courte, & la remplacer par notre ancienne pièce de 4.

Or, s'il eft vrai, comme on n'en peut douter, que l'artillerie nouvelle, pour être au pair avec l'ancienne, & rendre le même fervice que les pièces longues, doive fournir le calibre de 8 court, où fuffifoit celui de 4 long, & foit forcée d'employer celui de 12 court, où celui de 8 long feroit fuffifant, non feulement ce calibre fupérieur fera, à la lettre, intrinféquement plus pefant (1) que la pièce longue du calibre inférieur, mais il faudra que la pièce courte s'approvifionne du double de munitions, au moins d'une moitié en fus, fi on veut qu'elle tire autant de coups que la longue, ou elle aura moitié, ou au moins un tiers moins de coups à tirer que la pièce longue, & on appelle cela une artillerie légère ! Dieu veuille que nos ennemis la confer-

---

(1) Voyez à la fin de l'addition à ce Mémoire, le poids des pièces des trois calibres, tant anciennes longues, que nouvelles courtes, tant montées fur (& avec) leurs affûts, que feules fans leurs affûts.

vent à jamais, & le Ciel nous préserve de les imiter !

Une fois avouée par les panégyristes de la nouvelle artillerie, ou du moins une fois démontrée la supériorité de nos anciennes pieces longues, sur les courtes nouvelles, pour la portée, pour la justesse du tir, & même pour la légereté & la facilité des transports, on auroit lieu de croire la discussion terminée, & la question décidée sans retour ; mais il n'en est pas ainsi ; ils prétendent que toutes ces supériorités, fussent-elles, disent-ils, réelles, sont inutiles à la guerre, & que la nouvelle artillerie a plus qu'il n'en faut, à tous égards, pour satisfaire à tous les cas qui peuvent se rencontrer. C'est ce que nous allons examiner dans l'article suivant.

ARTICLE II.

Importance de la supériorité des pieces longues.

1°. Si le théâtre de la guerre s'éloigne des frontieres, il faudra, dans le nouveau système, transporter deux équipages complets d'artillerie, l'un pour les sieges, & l'autre pour

pour la guerre de campagne. Dans l'ancien
fyftême, il fuffifoit d'ajouter quelques pieces de 16 & de 24, à des pieces de campagne, qui font propres à toutes efpeces de
guerre. Qu'on compare l'embarras, la dépenfe; la différence eft énorme!

2°. Si la guerre fe fait fur les frontieres,
l'embarras & la dépenfe ne feront que di-
minués. A chaque fiége qui fe préfentera,
il faudra faire venir toute l'artillerie de
fiege parce que l'artillerie de campagne de
l'armée affiégeante, ne peut entrer en batterie : dans l'ancien fyftême, celle de l'armée feroit une partie condérable de celle de
fiége.

3°. Si quelqu'avantage remporté, ou un
mouvement volontaire de l'ennemi met
dans le cas d'attaquer une bicoque, qui
exige cependant des batteries, faudra-t-il
s'y morfondre pour attendre l'arrivée des
pieces qui puiffent fervir dans des embra-
fures, & que l'ennemi pourra peut-être
intercepter? Non, dit-on, ce fera un cas
prévu, & on aura eu foin de fe pourvoir
d'artillerie propre à cet ufage : on répond
qu'on pourra fouvent être furchargé de
cette artillerie pendant toute une campagne, fans trouver la circonftance favorable
de l'employer ; & tout ce qu'on peut conclure de ceci, c'eft qu'il feroit bien plus

C

avantageux d'avoir une artillerie de campagne avec laquelle on pût, sur le champ, saisir les circonstances heureuses.

4°. On construit quelque ouvrage, soit pour défendre une tête de pont, soit pour s'assurer d'un passage important, soit pour fortifier un camp, ou même un champ de bataille ; mais le canon de campagne de la nouvelle artillerie est trop court, il ne peut servir dans des embrasures ; on fera, sans doute, encore venir de l'artillerie de siége de ces places de dépôt !

5°. Quand les circonstances qui ont exigé ces pieces longues, seront passées, qu'en fera-t-on ? Les renverra-t-on aux places de dépôt ? Ce seroit un mouvement perpétuel, dispendieux, embarrassant & souvent dangereux, & ces inconvéniens augmenteroient à mesure qu'on s'éloigneroit de ces places de dépôt ; car on n'est pas maître d'en avoir à sa portée qui soient sûres. Si on vouloit garder ces pieces, on surchargeroit une artillerie déjà trop nombreuse, & on tomberoit dans des embarras beaucoup plus grands que ceux qu'on prétendoit éviter par l'artillerie nouvelle.

6°. Combien de fois la supériorité de force que donnent les pieces longues, ne sera-t-elle pas avantageuse pour rompre, percer, renverser les obstacles qu'oppose

l'ennemi, comme colonnes de troupes, re-
tranchemens, abattis, &c. effets qu'elles
produiront d'autant plus promptement,
qu'elles y joindront la justesse du tir; &
combien de fois le succès à la guerre dé-
pend-il de la promptitude de l'exécution !

7°. Toutes les fois qu'on combattra, artillerie contre artillerie, quel avantage
n'aura pas sur l'autre, celle qui aura en sa
faveur la supériorité de force, de portée
& de justesse, dirigée avec intelligence ?
C'est ce que l'artillerie françoise a constamment éprouvé dans les guerres précédentes,
& notamment à Berg-op-Zoom où M. le
Marécal de Lowhendal commandoit. Il y
avoit plusieurs semaines que la tranchée
étoit ouverte, la place approvisionnée
d'une artillerie formidable, répondoit à
nos feux sur le front de l'attaque avec une
vivacité sans égale. Une de leurs pieces dé-
montée par hasard par des coups trop directs, étoit bientôt remplacée par une autre qui ne donnoit pas le tems d'appercevoir le vuide de la premiere. Un feu réci-
proque, continuel & des plus vifs deve-
noit meurtrier. Le siége menaçoit de tirer
en longueur. On apperçut le défaut. Des
coups directs, tirant de face contre une
ligne où sont rangés plusieurs objets, n'en
peuvent heurter qu'un seul; & s'il y a plus

de vuide que de plein, il doit y avoir des coups fans nombre de perdus. On prolongea la premiere parallele de droite & de gauche, & en'embraffant un plus vafte terrein, des deux extrêmités où l'on plaça deux batteries, l'une de huit pieces à la droite de l'attaque & fix mortiers, l'autre de trois pieces & quatre mortiers à la gauche, on fe trouva pofté avantageufement pour tirer, non-feulement obliquement, ce qui eft toujours favorable pour rencontrer plus d'objets, mais encore pour tirer prefque de flanc; moyen le plus deftructeur de tous les obftacles qu'on veut ruiner. On ne fut pas long-tems à en voir l'effet. Deux jours paffés, il ne fut plus queftion des feux de la place au front de l'attaque. L'ennemi avoit une bonne artillerie, la nôtre ne lui cédoit en rien. Tant que nous ne tirions que directement, nous combattions à armes égales; la pofition n'étoit pas plus avantageufe pour l'un que pour l'autre, le combat eût duré long-tems. Nous n'eûmes pas plutôt occupé deux poftes qui procurerent une direction favorable pour l'artillerie, que la chance tourna; deux batteries éteignirent feules des feux que n'avoient pu éteindre, pendant plufieurs femaines, les nombreufes batteries qu'on leur avoit oppofées. Nouvelle preu-

ve , comme l'a bien reconnu le Roi de
Prusse , que ce n'est pas la quantité d'artillerie , ni même la bonne seulement , qui
fait prendre des villes & gagner des batailles , mais que c'est de la bonne disposi-
tion & de la direction bien entendue d'une
bonne artillerie , que l'on doit attendre le
succès , & non pas du nombre qui , trop
grand , nuit toujours plus qu'il ne sert.

Si la réussite dans les siéges dépend moins
du nombre des pieces d'artillerie , que d'une
juste direction de leur feu , il n'est pas
moins vrai que dans les batailles , nonobs-
tant le changement successif des positions ,
qui sont au contraire stables & permanen-
tes dans les siéges , ce n'est qu'autant que
l'on saisira des directions heureuses pour
tirer de flanc , s'il est possible , ou au moins
d'écharpe sur les troupes ennemies , qu'on
doit espérer de tirer parti , même de la meilleure artillerie ; on en a eu une preuve non
équivoque à l'affaire de Dettinghen , où une
seul ebatterie qui suivoit l'ennemi , en se
conformant à sa marche , tua plus de monde
que n'eussent fait toutes les autres batteries
ensemble.

Que résulte-t-il de ces faits notoires ?
Que quiconque mettra sa confiance dans
une nombreuse artillerie , fût-elle aussi
bonne que la courte est mauvaise , sera

déçu dans ses espérances, s'il ne connoît pas
les avantages d'une bonne position, & s'il
ne sait pas, ou ne peut pas se la procurer ;
& que quiconque connoîtra ces avantages,
se gardera bien de s'embarrasser inutilement
d'une artillerie trop nombreuse, mais adop-
tera toujours celle qui sera du meilleur service. C'est ce qui a bientôt fait reconnoître
le peu d'utilité des pieces à la Suédoise,
qui sont des pieces courtes, & de fait, incapables de produire les effets des pieces
longues.

Il fut fait, en 1740, à Strasbourg, en
présence de MM. les Maréchaux de Broglio
& d'Asfeldt, des épreuves pour comparer
la vivacité du feu, entre la piece à la Suédoise, que la nouvelle de 4 représente aujourd'hui, & la piece de 4 ordinaire ; on
reconnut que par minute, la piece courte
tiroit onze coups, contre neuf de la longue ;
mais que la premiere s'échauffant plus vîte,
il falloit interrompre son feu, pendant que
l'autre continuoit encore son service sans
avoir besoin d'être rafraîchie.

Si indépendamment de cet inconvénient,
(dont on sent mieux l'importance dans le
moment d'une action) on considere qu'il
ne faut pas se flatter que l'on puisse tirer aussi
promptement en présence de l'ennemi, qui
ne manqueroit pas, par son feu, d'y mettre

obſtacle ; & que de plus , quand on le
voudroit , la ſeule fumée permettroit à
peine de tirer cinq à ſix coups par minute :
il ſera toujours plus utile de tirer avec des
pieces du calibre de 4, de bonne conſtruc-
tion , qui ont de la portée , de la juſteſſe
& de la réſiſtance , & qui ſervant encore à
beaucoup d'autres uſages , ne rempliſſent
que plus ſupérieurement les ſeuls cas particuliers où les pieces courtes pourroient
être de quelque ſervice , rendent ſuperflu
l'uſage des pieces courtes , dont la plus
grande vivacité eſt abſolument inutile dans
la pratique , & diminuent les embarras de
la multiplicité des différentes conſtructions.

8°. Toutes les fois qu'il ſera queſtion de
défendre ou de tenter le paſſage d'une ri-
viere ; dans la défenſe, il s'agit, 1°. de maî-
triſer par ſon canon l'embouchure des autres rivieres qui tombent dans celle que
l'on défend , parce que c'eſt ordinairement
ſur celles-là que l'ennemi fait ſes prépara-
tifs en ſecret & en ſûreté , & c'eſt par elles
qu'il débouche ; le canon le plus propre
à s'y oppoſer , n'eſt-ce pas celui qui a plus
de portée & plus de juſteſſe dans le tir ?
La comparaiſon qu'on fit à ce ſujet en
1744 , en préſence de l'armée commandée
par M. le Maréchal de Coigny , des pieces
de 4 longues, avec celles à la Suédoiſe , ne

laisse aucun doute. Ce Général ordonna qu'il seroit placé sur le rivage gauche du Rhin dix pieces de 4, pour battre le confluent du Necker & couler à fond les bateaux qui s'y présenteroient : M. le Comte de Balincourt, depuis Maréchal de France, demanda des pieces à la Suédoise ; M. de la Gaucherie, officier de mérite, l'un des Commandans de l'artillerie, représenta qu'elles ne rempliroient pas l'objet qu'on s'étoit proposé : on employa des pieces à la Suédoise & des pieces de 4 longues ; les boulets des premieres n'arrivoient au terme marqué, que sous un angle trop ouvert, plongeoient & ne ricochoient point ; ceux des pieces de 4 ordinaires, portoient sous un degré beaucoup plus bas, beaucoup au-delà de ce terme, & faisoient plusieurs ricochets après la premiere chûte sur la surface de l'eau ; toute l'armée en fut témoin. Il s'agit, 2°. quand l'ennemi fait son embarquement sur le fleuve même, de le battre pendant qu'il s'approche de l'autre bord, pendant l'embarquement & pendant le trajet. La supériorité de portée servira pour le premier cas ; la supériorité de justesse pour tous les trois. Veut-on passer à l'autre bord en présence de l'ennemi ? l'objet de l'artillerie de l'armée qui tente le passage, doit être de balayer tous les obs-

tacles qui fe préfentent à l'autre rive, tant
artillerie que troupes. N'eft-il pas évident
que les pieces longues ayant plus de portée & de jufteffe, peuvent opérer plus effi-
cacement cet effet ? & 60 ou 80 toifes de
portée de plus ou de moins, font-elles,
en ce cas, un objet indifférent ?

9°. Si une armée ou un corps de troupes vouloit en obliger un autre, par la
canonnade, d'abandonner un pofte ina-
bordable, quel avantage ne donneroient
pas les pieces fupérieures en portée, à
l'armée qui auroit le bonheur de les avoir?
Le fuccès n'en dépendroit-il pas totalement ? On pourroit parcourir toutes les
actions de guerre, on trouveroit par-tout
quelques-uns des avantages des pieces longues. J'en viens à l'action principale, qui
eft la bataille.

10°. Quand les colonnes de l'armée ennemie arrivent fur le champ de bataille,
fi le Général projette de les attaquer avant
qu'elles aient fait leurs difpofitions, il or-
donnera de les canonner pour les troubler
& les retarder. Comme elles ne fe font
point encore étendues en une ligne mince,
à trois hommes de profondeur, elles offrent un but fuffifant pour les canonner
avec fuccès, fi elles font à moins de mille
toifes de diftance : car les pieces de 4 lon-

gues à 4 degrés , & les calibres supérieurs
à trois degrés, portent à cette distance, y
compris les ricochets qui sont plus propres que les coups de plein fouet , pour
troubler les manœuvres ; les pieces courtes, à même distance , ne pourroient porter que sous un trop grand degré d'élévation qui les priveroit du ricochet , & ne
feroit tomber le boulet que sur un point ,
& par conséquent sur un seul homme , si
par hasard il s'y rencontroit. Si l'ennemi
se forme & s'avance, les pieces courtes
pourront tirer avec quelque succès, mais
alors les pieces longues commenceront à
reprendre des directions obliques qui feront un bien plus grand effet ; de sorte
que l'ennemi étant à 400 toises, la piece
longue pointée sous une obliquité qui
forme sur la ligne du front de l'armée ennemie , un angle environ de 30 degrés ,
pourra mettre, à charge égale, à chaque
coup, sept à huit hommes, & peut-être
plus hors de combat, s'ils sont serrés à
l'ordinaire, pendant que la piece courte
tirant directement , comme on le propose,
n'en peut mettre au plus que trois. Si elle
veut prendre, dans ce cas , la maniere de
tirer de la piece longue, son boulet n'arrivera point; s'il arrive, ce ne sera qu'à
la faveur d'un degré d'élévation plus con-

fidérable ; par conféquent il ne tombera
que fur un feul point, en plongeant &
fans ricochet. Il eft même tel degré d'obliquité, celui de 10, auquel la piece longue
peut, d'un feul coup, mettre 15 à 18 hommes hors de combat : que fera de mieux, à
cette diftance, la cartouche à balle tant
vantée ? De plus, la piece courte pointée
directement, doit opter entre tirer fur le
canon ou fur les troupes ; la piece longue,
moyennant le tir oblique, pourra fe pro-
pofer ce double but toutes les fois que le
canon ennemi débordera fa ligne ; il pourra
atteindre l'un & l'autre du même coup,
ou l'un au defaut de l'autre, rarement les
manquera-t-on tous deux. Mais ce n'eft
pas le tout. Une batterie de pieces longues,
capables de porter à 1000 toifes, peut,
au gré du Général, réunir tous fes feux
fur telle partie de la premiere ligne de l'armée ennemie, par où il lui plaira de faire
commencer l'attaque, rompre cette ligne,
y mettre le défordre & porter la confu-
fion jufques dans les feconde & troifieme
lignes, affurer la marche des attaquans,
qui, dans ce trouble, auront peu à redou-
ter les coups directs des pieces courtes de
l'ennemi. Pendant que ceux-ci achevent,
avec l'activité fi caractériftique de la Nation, d'enfoncer un corps déjà ébranlé

jufqu'à la troifieme ligne, cette même artillerie change un peu fa direction, répete
fur une autre partie de la même ligne la
plus voifine, la même manœuvre; & pro-
menant ainfi fucceffivement fes feux fur
le reftant de la ligne, non-feulement em-
pêche les bataillons ennemis de fe fecourir
réciproquement, mais donne jour à de
nouveaux affauts & prépare à de nouvelles attaques. Voilà le véritable office de
l'artillerie dans les batailles; & c'eft ainfi
qu'il lui convient de protéger l'infanterie
Françoife, & abandonner le refte à fa
valeur. Si on ajoute à tout cela le défavan-
tage qu'ont fouvent les pieces courtes de
ne pouvoir faifir des pofitions favorables
que préfente le local, les unes parce qu'elles font trop éloignées pour leur portée, les autres, parce qu'elles font trop
étroites pour leur recul, il faudra convenir de bonne foi que les pieces légeres &
raccourcie font bien moins propres pour
un jour de bataille, que pour un exercice
de parade.

Les batailles de Raucoux, de Dettinghen & d'Haftembeck, fourniffent des
preuves mémorables de ces vérités. Dans
la premiere, M. le Maréchal de Saxe, qui
voyoit une colonne fe former & venir à
lui, employa des pieces longues du calibre

de 16, qui déciderent bientôt du gain de la bataille. De quelles reſſources eût été l'artillerie nouvelle, quoique contre des troupes ſeulement, dans une circonſtance où ce Général, qui ne manquoit pas d'artillerie de campagne, jugea s'aſſurer mieux la victoire, en préférant un calibre de ſiege ?

A la bataille de Dettinghen, commandée par M. le Maréchal de Noailles, lorſqu'on commença à appercevoir, à plus de 6 ou 700 toiſes, le projet que l'armée Angloiſe avoit de s'aſſembler dans la plaine de Dettinghen pour livrer la bataille, qu'euſſent fait, à cette diſtance, les pieces minces & courtes de la nouvelle artillerie, que conſommer en pure perte beaucoup de munitions ſans atteindre l'ennemi ? Incapables, par leur peu d'épaiſſeur, d'augmenter ſans riſque la charge modique de poudre à laquelle leurs partiſans les ont reſtreintes pour ménager leur foibleſſe, plutôt que pour faire une frivole économie de poudre, elles n'euſſent fait que du bruit & point d'effet : obligées de s'élever de pluſieurs degrés pour obtenir leur plus grande portée, chacun de leurs boulets, lancé dans ſa courſe en l'air, à une grande élévation, n'eût pu, dans ſa chûte, tomber, encore par haſard, que fur un feul homme au plus, fans pouvoir ricocher. Quelle différence des pieces longues, même d'un calibre inférieur! Une feule batterie, placée dans une direction avantageufe, dont la manœuvre auffi fimple qu'ingénieufe, eft rapportée dans nos Mémoires de l'*année* 1765, par un feu rafant, dirigé fous un angle modique, rompit toutes les mefures des Anglois, & leur fit perdre beaucoup de monde.

On voit bien fenfiblement par cet exemple, que, comme l'a obfervé le Roi de Pruffe, revenu depuis long-tems du préjugé de la nombreufe artillerie, il s'agit moins, pour gagner des batailles, d'en avoir une très-nombreufe qui ne fait que multiplier les embarras, que d'en avoir une bonne & des Officiers intelligens.

Combien de tems n'eût-on pas perdu à la bataille d'Haftembeck, gagnée par M. le Maréchal d'Eftrées, s'il eût fallu attendre, pour tirer, que l'ennemi eût approché à 500 toifes? Il avoit conçu le projet d'attaquer notre ligne par colonnes, & de fe former ainfi à une diftance confidérable de plus de 6 à 700 toifes. Qu'eût fait à un pareil éloignement, une artillerie courte, oifive par économie ou par impuiffance? Une artillerie qui ne doit pas, fuivant fes partifans, tirer de plus de

500 toifes, eût laiffé croître cette colonne
formidable, & lui eût donné le loifir de
fe former à l'aife & fans la moindre inquié-
tude. Que firent les pieces longues ? On
s'apperçut, par les mouvemens de l'ennemi, de fon deffein, avant qu'il eût com-
mencé à l'exécuter : on prit fur lui des
feux de front, d'écharpe & de revers, qui
le défolerent ; & plus il s'opiniâtroit à fortifier fa colonne, plus il éprouvoit les feux
meurtriers de notre artillerie, qui, en les
multipliant & en avançant fans interruption, mit l'armée ennemie dans une dé-
route totale, & nous procura une victoire
complette fans perte de notre part.

Je me flatte que les perfonnes qui ne
cherchent que le vrai, qui auront lu ce Mémoire, même avec quelque prévention,
ne laifferont pas d'en conclure que l'artillerie de l'Ordonnance de 1732 réuniffoit
toutes les qualités que nous avons détail-
lées, dont le concours eft néceffaire pour
former une bonne artillerie ; qu'elle étoit
réduite à la plus grande fimplicité, fi defi-
rable dans tout objet compliqué, difpen-
dieux & embarraffant, & que l'adoption
que l'on avoit faite des obufiers, ne laiffoit
rien à defirer pour toutes les occafions où
il convient d'employer de l'artillerie.

Je crois avoir démontré la fupériorité

des pieces longues sur les pieces courtes, non-seulement du même calibre, qui sont bien loin de soutenir la comparaison, mais aussi sur celles du calibre supérieur.

J'ai prouvé cette prééminence de la piece longue, tant à raison de sa solidité, qu'eu égard à l'étendue de sa portée, à sa justesse dans le tir, à la médiocrité de son recul, à la simplicité de sa construction, à celle de ses affûts, & à la facilité de faire réparer, en tous lieux & par toutes sortes d'ouvriers, les accidens qui peuvent survenir, quoique plus rarement qu'aux pieces courtes : enfin, relativement à l'économie, puisque les pieces de l'ancien calibre de 4, faisant l'office (& supérieurement) du calibre de 8 nouveau, le 8 ancien pareillement fournissant complettement le service du nouveau de 12 ; il s'ensuit qu'il faut, dans un équipage d'artillerie composé de pieces longues anciennes, un tiers (on pourroit dire moitié) moins de poudre, un tiers moins pesant de boulets : en un mot, beaucoup moins de charriots, de voitures, de charretiers, de chevaux, que dans un équipage de la nouvelle artillerie prétendue légere, si celle-ci veut paroître égaler le service de l'ancienne.

Quant à l'importance de cette supério-

rité

rité à l'armée, qui auroit jamais imaginé qu'on eût osé la mettre en problême, encore moins la combattre sérieusement? Cependant les partisans du nouveau système, dans l'impuissance où ils se trouvent réduits de prouver une égalité de valeur & d'effets entre leur artillerie courte & notre ancienne longue, veulent paroître aujourd'hui n'avoir discuté la parité de ces avantages, que par surabondance de preuves & par un effet de leur persuasion intérieure, & nullement comme nécessaire au soutien de leur système-pratique ; ils la croient d'une assez légere importance pour les autoriser à proposer de substituer leur nouvelle artillerie à la nôtre, & pour consentir, mais par grace, à abandonner cette supériorité. « Elle est », disent-ils, « inu- » tile. Vos pieces tirent à plus de 1000 » toises ? Nous ne voulons tirer qu'à 500 » toises ; vos pieces tirent à une grande » distance, aussi juste que les nôtres à 500 » toises ; la justesse de cette distance nous » suffit ; on ne doit pas tirer au-delà. A » 500 toises nous sommes égaux, c'en est » assez. L'excédent est une superfluité qui » ne feroit que nous embarrasser. Et si tant » est que ce soit un avantage, n'est - il » pas plus que compensé par celui que » procure la grande célérité avec laquelle

D

» marche & manœuvre notre artillerie »? Mais de quelle autorité & fur quelle garantie, les défenfeurs du nouveau fyftême établiffent-ils cette regle? Peut-on ordonner à l'ennemi d'approcher à 500 toifes, lorfqu'il fera pofté à 600? Reftera-t-on fpectateur oifif de fes travaux & de fes manœuvres, jufqu'à ce qu'il lui plaife de s'approcher de 100 toifes encore? « Au- » delà de 500 toifes, dira-t-on, on ne porte » avec l'artillerie d'aujourd'hui en ufage » dans toute l'Europe, que des coups in- » certains; mais de près, ce feu fera bien » plus vif. Il faut, avec fes ennemis, fe » battre à armes égales, fous peine d'être » battu ».

D'accord, fi on n'en a pas de meilleures. Mais fi l'on en poffede qui lancent des coups meurtriers de plus loin, & qui atteignent vigoureufement l'ennemi; qui à 7 ou 800 toifes mettent le défordre dans fon monde, comme il pourroit faire dans le nôtre à 500 toifes; doit-on attendre qu'il fe foit appproché à cette diftance où fon feu fera auffi meurtrier contre nos troupes, que le nôtre contre les fiennes, tandis qu'on a le loifir avec une artillerie meilleure que la fienne de le prévenir avec une entiere fécurité, & de lui rendre impraticables les approches du point où il fe trou-

veroit en paſſe de pouvoir meſurer ſon artillerie contre la nôtre ; pendant que l'on
aura encore l'avantage avec des batteries
de pieces longues qui le prendront de flanc
ou d'écharpe , non-ſeulement de l'empê-
cher d'arriver à 500 toiſes , d'où il pourroit nous nuire , mais encore avant qu'il
puiſſe nous atteindre , de fatiguer & même
de rompre les troupes qu'il oſeroit faire
avancer?

Combien d'exemples pourroit-on citer
où l'on a été redevable de la victoire à la
ſolidité de nos pieces longues pour ſoute-
nir long-tems , ſans interruption , un feu
continuel dans une action animée : à leur
longue portée , qui met autant d'hommes
hors de combat par les ricochets , que par
les coups de volée : à leur juſteſſe pour le
tir , qui eſt indiſpenſable pour démonter
des batteries & éteindre des feux meurtriers , d'où dépend ſouvent le ſort d'une
action ? Quelle reſſource offrent dans tous
ces cas des pieces qui , de l'aveu de leurs
panégyriſtes , ne commencent à tirer juſte
qu'à 500 toiſes?

Voilà ce que nous a , juſqu'à ce jour ,
appris l'expérience de près de cinquante
années , pendant leſquelles nous avons été
ſucceſſivement , mon pere ou moi , chargés
de la direction générale de l'artillerie , ſous

l'autorité du Ministre ; & ce que nous avons constamment observé, tant par nous-mêmes, que par les comptes qui nous étoient rendus.

C'est à ces vérités importantes, ainsi qu'à la bonne discipline qui avoit été établie dans le Corps Royal d'artillerie, que nous avons dû, mon pere & moi, les succès dans l'artillerie dont le feu Roi a eu la bonté plusieurs fois de nous témoigner sa satisfaction. Ces vérités nous survivront ; elles peuvent dans des tems s'obscurcir : le penchant assez naturel de tous les hommes pour des nouveautés séduisantes, peut faire illusion à notre Nation, comme il l'a fait dans une partie du Nord de l'Europe ; c'est pour prévenir ce malheur que j'ai cru que le devoir de la place de confiance que j'ai eu l'honneur d'occuper depuis mon pere, dans le Corps Royal d'artillerie, & que j'ai encore celui de remplir actuellement, exigeoit aujourd'hui de moi de rassembler ces vérités sous un point de vue, pour les déposer dans les Mémoires de l'Académie, destinés à conserver & à transmettre à la postérité ce que les travaux & les recherches dans les arts & les sciences, ont pu faire découvrir d'utile & d'intéressant pour le bien public.

Ma carriere s'avance ; mais quoique ma

fanté foit affoiblie par les peines & les fatigues que j'ai effuyées, mon dernier foupir n'en fera pas moins confacré au fervice du Roi. Après avoir eu l'honneur de fervir fon Aïeul pendant plus de 45 ans ; quand la reconnoiffance des bienfaits que nous en avons reçus mon pere & moi, ne m'obligeroit pas à fervir fon augufte petit-fils avec le même zele, une nouvelle ardeur ranimeroit bientôt un corps altéré par de longs travaux, fi j'étois affez heureux pour employer ce qui me refte de jours à vivre, à quelque chofe qui pût être utile à un Monarque, qui, dans l'âge où communément l'on ne s'occupe que de fes plaifirs, n'en a d'autre que celui de protéger fes fujets & d'affurer leur tranquillité, & ne connoît de peines que les obftacles qui s'oppofent au bonheur de fon peuple, ou qui le retardent.

J'ai cru dans ce moment ne pouvoir lui donner de témoignage plus expreffif de mon entier dévouement pour fa Perfonne facrée, & du vif intérêt que je prends à fon bonheur préfent & à venir, que de réunir dans un écrit les points capitaux, reconnus tels par une longue fuite d'expériences à la guerre, qui ont acquis à l'artillerie françoife cette fupériorité avouée même des étrangers, faute defquels elle décherroit bientôt de fa prééminence. Ces

observations font trop intéreffantes pour la
gloire de Prince , trop importantes pour
le falut de l'Etat, pour l'honneur du Corps
Royal d'artillerie , pour celui de ma patrie
& pour le bien du fervice , pour ne pas
affurer leur fort , en les confignant dans
des archives refpectables. Dans quel dépôt
en effet plus facré , pouvois-je remettre
une collection de vérités précieufes &
avouées par tout ce que nous avons connu
d'Officiers plus favans & de perfonnes plus
intelligentes dans le Corps Royal d'artillerie, que nous avons recueillies dans le
cours de plus de quatre-vingt années d'é-
tudes , d'expériences , de méditations &
de pratique à la guerre ? Je fais , eh qui l'i-
gnore ? que chaque particulier eft idolâtre
de fon opinion , & la prend prefque toujours pour l'évidence. Mais traitera-t-on
d'opinions d'un particulier des vérités cher-
chées pendant des fiecles , trouvées de concert par tant de perfonnes éclairées dans le
Corps Royal , reconnues & confirmées
par les fuccès conftans de la pratique , &
fans avoir jamais été démenties pendant
une fi longue fuite d'années ? Qui pourra
dire , après de pareilles recherches , que
l'on a pris l'ombre de la vérité pour la vérité même ?

Tel a été le motif qui m'a infpiré ce Mémoire.

ADDITION

AU MÉMOIRE PRÉCÉDENT,

Par laquelle on verra, en comparant les deux artilleries, même à nombre égal, de combien l'artillerie légere augmente les embarras, le nombre des voitures, des chevaux, &c. & la dépense, dont on a desiré avoir un détail.

J'AI exposé dans mon Mémoire le point de vue qui avoit dirigé la réforme de l'artillerie françoise en 1732, qui étoit d'avoir une artillerie qui fût en même tems propre pour la guerre de siége & la guerre de campagne. De-là résultoient plusieurs avantages très-importans, outre celui de l'économie.

1º. De n'être jamais obligé de se surcharger d'un double équipage, un pour les siéges & l'autre pour la guerre de campagne ; 2º. de se trouver toujours en mesure vis-à-vis de toutes les circonstances qui se présentent dans la guerre de campagne, comme attaque ou défense de redoutes, châteaux ou autres postes fortifiés ; 3º. de pouvoir dans le besoin tirer des places une artillerie propre pour l'armée , & jetter promptement dans des places menacées , un supplément d'artillerie , en même tems qu'on y jette un supplément de troupes.

Pour donner un tableau de comparaison de l'ancienne artillerie avec la nouvelle, qui puisse présenter une idée juste de la différence considérable qu'il y a entr'elles , & de la grande supériorité à tous égards de la premiere sur la seconde, il est bon de se rappeller , que les partisans du nouveau système, en vertu de la légereté de leurs pieces, dont on peut connoître la valeur par l'exposé que j'en ai fait , prétendent en augmenter considérablement le nombre, dans les équipages de campagne.

Il n'est pas inutile d'ajouter que les pieces courtes de la nouvelle fabrique, à raison même de ce qu'elles contiennent moins de métal, sont plus légeres, ont un recul double & triple, & par conséquent se tourmentent beaucoup dans leurs affûts , ce qui oblige à y faire des réparations continuelles , & souvent à des rechanges ; non-obstant la prudente précaution qu'ont les peuples qui les emploient, de diminuer la charge de poudre usitée pour le même calibre ; précaution sage, qui découvre, il est vrai, la foiblesse de ces pieces, nuit (il n'est pas besoin de le dire) à l'effet, mais

néceffaire pour les faire figurer un peu plus
long-tems, & leur faire durer la campagne,
s'il eft poffible. Il eft vrai qu'ils auroient
peine à perfuader que s'ils en ufent ainfi,
ce n'eft que par une louable économie, &
pour ménager une quantité de poudre dont
leurs pieces ont le merveilleux avantage,
dit-on, de n'avoir pas befoin, pour produire les mêmes effets que les longues,
avec une charge plus forte.

Enfin, il eft effentiel d'expofer le prin-
cipe fur lequel on a, jufqu'à préfent, for-
mé un équipage de campagne, avec l'ancienne artillerie de pieces longues, des trois
calibres de 12, de 8 & de 4. L'ufage confirmé par l'expérience & par d'heureux fuccès, a appris à employer environ un fep-
tieme du calibre de 12; le double du calibre de 8, & à peu près les trois cinquiemes
en pieces de 4.

Les partifans de la nouvelle artillerie, au
rebours, compofent leurs équipages de 4
cinquiemes des deux plus gros calibres;
favoir, deux cinquiemes du 12, deux cinquiemes du 8, & feulement un cinquieme
du calibre de 4. Ce mépris qu'ils font de
leur calibre de 4 employé dans une fi foi-
ble proportion, ne femble-t-il pas annon-
cer un aveu de fon inutilité, ou du moins
de fon peu de reffource, & combien fou-

vent ils prévoient devoir se trouver forcés d'employer du 8, où l'artillerie ancienne n'employoit que du 4, & de se servir de leur 12, où le 8 ancien suffisoit ?

Qu'on joigne à ce procédé le projet qu'ils forment, (apparemment qu'ils en reconnoissent la nécessité) d'augmenter, de beaucoup, le nombre des pieces d'artillerie du parc ; nous sommes bien en droit de ne vouloir pas entrer en comparaison à nombre égal. Mais pour prouver que nous n'avons rien avancé au hasard, en disant que leur artillerie légere est de fait, à la lettre, & intrinséquement plus pesante, plus embarrassante, & (nous ne l'avons pas dit encore) infiniment plus dispendieuse que l'ancienne ; nous allons faire la comparaison à nombre égal, sans cependant renoncer au droit que l'équité nous donne de réclamer un autre calcul qui suivra le premier.

Les partisans de la nouvelle artillerie demandent pour une armée de cent bataillons, deux cens pieces de canon. Jamais armée Françoise ne mena une pareille artillerie en campagne ; mais pour soutenir la comparaison, nous allons former un équipage pareil en nombre, & d'après les principes reçus & usités dans le Corps Royal d'artillerie, & le mettre en parallele avec cette artillerie étrangere.

Comparaison de deux artilleries du parc, pour une armée de cent bataillons, avec leurs chevaux & leurs voitures.

Combinaison dans les principes de la nouvelle artillerie, dans le système des Puissances du Nord, d'un équipage de 200 pieces d'artillerie, dites légeres.

	Voitures.	Chevaux.
80 pieces de 12, à sept chevaux & à trois voitures de munitions chacune	240	1520
80 pieces de 8, à cinq chevaux & deux voitures . .	160	1040
40 pieces de 4, à trois chevaux & une voiture . . .	40	280
200 pieces.	440	2840

Combinaison en pieces longues de l'ancienne artillerie, en nombre égal, à la combinaison précédente.

	Voitures.	Chevaux.
30 pieces de 12, à neuf chevaux & trois voitures	90	630
60 pieces de 8, à sept chevaux & deux voitures	120	1000
70 pieces de 4 longues ordinaires, à 4 chevaux & une voiture . .	70	560
40 pieces de 4 légeres, à trois chevaux & une voiture (1) . .	40	280
200 pieces.	310	2470

(1) Si nous mettons ici 40 pieces de 4 légeres, ce

RÉSULTAT.

	Voitures.	Chevaux.
Artillerie légere, 200 pieces	440	2840
Artillerie ancienne, 200 pieces	320	2470
Différence	120	370

L'artillerie des Etrangers, foi-difant légere, exige donc, pour un équipage de 200 pieces de canon, 120 voitures, & 370 chevaux de plus que notre ancienne, pour un pareil équipage composé aussi de 200 pieces des trois calibres.

Or, on n'a jamais mené, dans une armée Françoise de 100 bataillons, 200 canons, non compris ceux que depuis quelques années on a donnés aux régimens ; rarement un équipage de campagne excede-t-il 130 ou 140 au plus. Mais pour accorder aux partifans de l'artillerie étrangere, tout l'avantage poffible dans la comparaifon, voici un calcul pour un équipage de notre ancienne artillerie fur le pied de 150 pieces.

---

n'eft pas que nous y reconnoiffions d'utilité particuliere ; mais les regardant comme fupe "ues, nous ne les avons employées que pour completter le nombre de 200 que nous nous étions engagés de mettre en parallele, & prouver nos affertions ; l'équipage étant déjà bien fuffifant, en état de faire face à tout événement, & de fatisfaire à tous les cas poffibles de la compétence d'une artillerie de campagne.

Combinaison d'un équipage de 150 pieces de l'ancienne artillerie, comparé à celui de 200 de pieces légeres.

	Voitures.	Chevaux.
20 pieces de 12, à neuf chevaux & trois voitures	60	420
40 pieces de 8, à sept chevaux & deux voitures	80	600
70 pieces de 4, à quatre chevaux & une voiture.	70	560
20 pieces à la Suédoise, à trois chevaux & une voiture	20	140
	230	1720

RÉSULTAT.

	Voitures.	Chevaux.
Artillerie légere, 200 pieces . . .	440	2840
Artillerie ancienne, 150 pieces . .	230	1720
Différence	210	1120

L'artillerie des Etrangers, ou légere, surpasse donc, dans cette combinaison, notre ancienne, de 210 voitures superflues, de 1120 chevaux, & de quantité d'attirails & de munitions qui ne le font pas moins. Quelle légereté !

Il reste à donner une idée de l'économie de la poudre. Voici l'état des charges de tous les calibres de campagne, tant de l'ancienne que de la nouvelle artillerie :

	Anciennes pieces.	Nouvelles.
Pieces de 12	5 l.	4
de 8	3	$2\frac{1}{2}$
de 4 ordinaire	2	1
de 4 à la Suédoise	$1\frac{1}{4}$	•

Or, nous avons fait obferver que la nouvelle artillere des Étrangers, pour égaler les effets de notre ancienne, étoit obligée d'oppofer le calibre de 8, pour égaler nos anciennes pieces de 4, & d'employer le 12 pour remplacer nos pieces de 8; ainfi, où nous dépenfons 2 livres de poudre, les Étrangers en dépenferont 2 ½; & ils féront les frais de 4 livres, où nous ne faifons que ceux de 3, non compris l'augmentation d'une moitié en fus du poids des boulets de la piece de 12 fubftituée à la 8 longne, & du double de la piece de 8 courte à la place de celle de 4 longue. Quelle économie !

Pieces de 4.	Poids du métal.	Poids de l'affût feul avec fon avant-train.	Poids de la piece fur fon affût complet.
Anciennes..	1150	1288	2438
Nouvelles..	600	1219	1819
Différence.	550 moins*.	69 moins.	619 moins
Pieces de 8.			
Anciennes..	2100	1479	3579
Nouvelles..	1200	1727	2927
Différence..	900 moins.	248 plus..	652 moins
Pieces de 12			
Anciennes..	3200	1766 ...	4966
Nouvelles..	1800	1954 ...	3754
Différence.	1400 moins..	188 plus..	1212 moins

* C'est à la piece nouvelle qu'il faut appliquer la di-

On voit par ce tableau, qu'avec tout ce qu'on a pu imaginer pour alléger, ou plutôt énerver les pieces anciennes, on n'a pas pu parvenir à porter l'allégement d'aucuns des calibres à un quart feulement, & que la diminution ne roule, entre calibres égaux de l'ancienne & de la nouvelle artillerie, que d'un peu moins d'un quart à environ un cinquieme du poids de chaque piece montée fur fon affût complet. Mais comme nous avons obfervé & démontré que cette comparaifon de calibre à calibre, ne peut avoir lieu dans la pratique, où, pour faire quelque comparaifon de fervice, il faut oppofer le calibre fupérieur des pieces légeres, au calibre inférieur des pieces longues, on compare dans le tableau ci-deffous les pieces de 4 longues à celles de 8 courtes, & celles de 8 longues à celles de 12 légeres ; & il fera évident que l'artillerie annoncée comme légere, eft à la lettre intriféquement plus pefante, & par furcroît prodigieufement multipliée en nombre de pieces.

---

minution ou l'augmentation des poids, défignées par ces mots *moins*, *plus*, fauf quelques différences inévitables de poids dans la conftruction des affûts & la fonte des pieces, tant de l'ancienne que de la nouvelle artillerie.

Comparaison des pieces de 4 anciennes avec les nouvelles de 8 , & de 8 anciennes avec celles de 12 nouvelles.

	Poids du métal.	Poids de l'affût complet.	Poids de la piece sur son affût complet.
Piece de 4 ancienne..	1150	1288 . . .	2438
Piece de 8 nouvelle..	1200	1727	2927
Différence..	50 plus .	439 plus..	489 plus(1)
Piece de 8 ancienne..	2100	1479	3579
Piece de 12 nouvelle..	1800	1954 . . .	3754
Différence..	300 moins.	475 plus..	175 plus(2)

(1) Non compris le poids du double de boulets pour pouvoir tirer autant de coups que la piece de quatre, & non compris l'augmentation de la charge de poudre, (*Voyez le tableau des charges de poudre*), fans compter d'autres attirails pour les rechanges qui font plus fréquens à l'artillerie légere.

(2) *Item.* Non compris moitié en fus du poids des boulets, l'augmentation de poudre, &c.

Longueurs d'ames des pieces, tant anciennes
que nouvelles, dans les trois calibres qui
influent si considérablement sur la portée.

			pieds.	pouc.	lig.
		Anciennes	6	6	0
Piece de 4 . .	{	Nouvelles	4	3	4
		Différence	2	2	8
		Anciennes	7	10	0
Piece de 8 . .	{	Nouvelles	5	4	6
		Différence	2	5	6
		Anciennes	8	8	0
Piece de 12 . .	{	Nouvelles	6	2	0
		Différence	2	6	0

Laquelle de ces deux artilleries réunit en
soi les avantages & les qualités essentielles,
incomparablement sur l'autre ? Savoir , la
justesse dans le tir & sous un moindre degré ; l'étendue dans les portées, la simplicité dans les constructions & dans les services, soit qu'on tire à barbettes ou à embrasures ; le moins d'embarras dans les
marches & dans les actions , la solidité re-
lative à la sûreté autant qu'à la durée , la
force nécessaire aux effets , la légereté
réelle, l'économie de la poudre, celle du
terrain pour les reculs, celle de dépense su-
perflue, & les faits confirmés par l'expérience à la guerre.

E

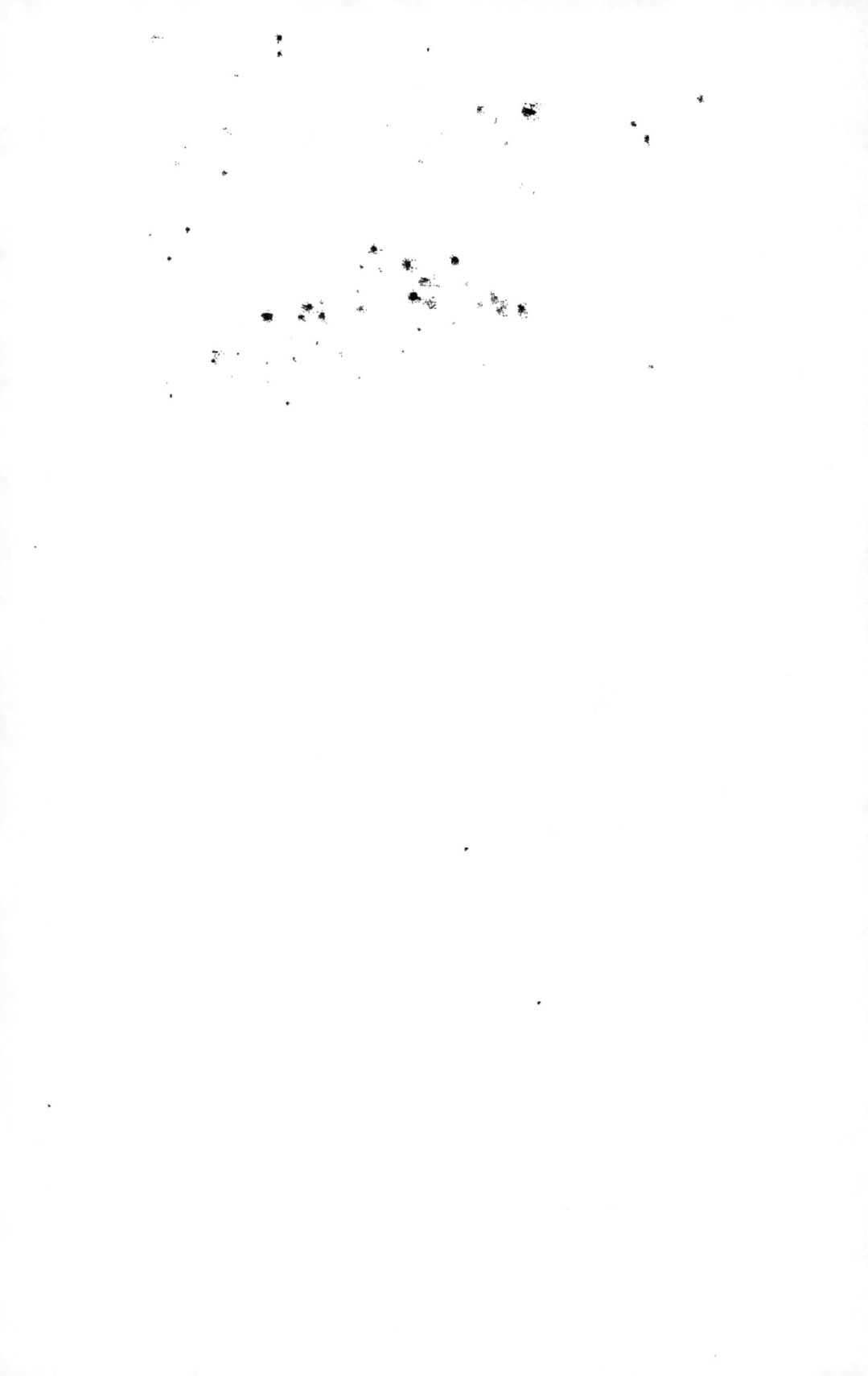

www.ingramcontent.com/pod-product-compliance
Lightning Source LLC
Chambersburg PA
CBHW070939280326
41934CB00009B/1939